EMG3-0126

J-POP CHORUS PIECE

合唱楽譜＜J-POP＞

合唱で歌いたい！J-POPコーラスピース

混声3部合唱

アイデア

作詞・作曲：星野 源　合唱編曲：西條太貴

••• 曲目解説 •••

　2018年4月から放送されている、NHK連続テレビ小説「半分、青い。」の主題歌です。大人気アーティスト、星野源によって書き下ろされました。ちょっとうかつだけれど失敗を恐れないヒロインが、七転び八起きで駆け抜け、やがて一大発明を成し遂げるまでのおよそ半世紀を描いた物語。そんな物語にぴったりのドキドキ、ワクワクする一曲となっています。星野源らしいアイデア満載で心躍るナンバーを、爽やかな混声3部合唱アレンジでお楽しみください！

合唱で歌いたい! J-POPコーラス

アイデア

作詞・作曲：星野 源　合唱編曲：西條太貴

© 2018 by NHK Publishing,Inc.　& Amuse Inc.　& Victor Music Arts,Inc.

アイデア - 11

Elevato Music
EMG3-0126

アイデア - 14

MEMO

アイデア

作詞:星野 源

おはよう　世の中
夢を連れて繰り返した
湯気には生活のメロディ

鶏(とり)の歌声も
線路　風の話し声も
すべてはモノラルのメロディ

涙零(こぼ)れる音は
咲いた花が弾く雨音
哀しみに　青空を

つづく日々の道の先を
塞ぐ影にアイデアを
雨の音で歌を歌おう
すべて越えて響け

つづく日々を奏でる人へ
すべて越えて届け

おはよう　真夜中
虚しさとダンスフロアだ
笑顔の裏側の景色

独りで泣く声も
喉の下の叫び声も
すべては笑われる景色

生きてただ生きていて
踏まれ潰れた花のように
にこやかに　中指を

つづく日々の道の先を
塞ぐ影にアイデアを
雨の音で歌を歌おう
すべて越えて響け

闇の中から歌が聞こえた
あなたの胸から
刻む鼓動は一つの歌だ
胸に手を置けば
そこで鳴ってる

つづく日々の道の先を
塞ぐ影にアイデアを
雨の中で君と歌おう
音が止まる日まで

つづく道の先を
塞ぐ影にアイデアを
雨の音で歌を歌おう
すべて越えて響け

つづく日々を奏でる人へ
すべてを越えて届け

MEMO

MEMO

エレヴァートミュージックエンターテイメントはウィンズスコアが
展開する「合唱楽譜・器楽系楽譜」を中心とした専門レーベルです。

ご注文について

エレヴァートミュージックエンターテイメントの商品は全国の楽器店、ならびに書店にてお求めになれますが、店頭でのご購入が困難な場合、下記PC&モバイルサイト・FAX・電話からのご注文で、直接ご購入が可能です。

◎PCサイト&モバイルサイトでのご注文方法
http://elevato-music.com
上記のアドレスへアクセスし、WEBショップにてご注文ください。

◎FAXでのご注文方法
FAX.03-6809-0594
24時間、ご注文を承ります。上記PCサイトよりFAXご注文用紙をダウンロードし、印刷、ご記入の上ご送信ください。

◎お電話でのご注文方法
TEL.0120-713-771
営業時間内に電話いただければ、電話にてご注文を承ります。

※この出版物の全部または一部を権利者に無断で複製（コピー）することは、著作権の侵害にあたり、著作権法により罰せられます。

※造本には十分注意しておりますが、万一、落丁・乱丁などの不良品がありましたらお取り替えいたします。また、ご意見・ご感想もホームページより受け付けておりますので、お気軽にお問い合わせください。